AF357211

EDICT DV ROY,

PORTANT ATTRIBV-
tion & augmentation de gages aux
Grenetiers, Controolleurs, Procureurs, & Aduocats de sa Majesté,
aux Greniers à sel du ressort des
Cours des Aydes de Paris, Rouen,
& Prouince de Bourgongne.

*Verifié en la Chambre des Comptes, le 30.
Decembre 1613.*

A PARIS
Par I. MOREL, & P. METTAYER,
Imprimeurs & Libraires ordi-
naires du Roy.

M. DCXIII.
Auec Priuilege de sa Majesté.

EDICT DV ROY, POR-
tant attribution *& augmentation de
gages aux Grenetiers, Controolleurs,
Procureurs, & Aduocats de sa Majesté, aux Greniers à sel du ressort des
Cours des Aydes de Paris, Roüen,
& Prouince de Bourgongne.*

OVIS PARLA
GRACE DE DIEV
ROY DE FRANCE
ET DE NAVARRE,
A tous ceux qui ces
presentes lettres ver-
ront Salut , Nous
ayant esté remõstré
en nostre Conseil
par les fermiers de nos Gabelles, Qu'en-
cores qu'ils apportent tout le trauail &
vigilance à eux possible pour faire valoir
les ventes du sel, que le nombre de nostre
peuple soit de beaucoup cru , & le prix
dudict sel diminué , neantmoins au lieu
d'augmenter elles vont tellement dimi-

A ij

nuant, qu'ils ont plus de certitude de leur perte que d'esperance de gain : dont ils ne peuuent rapporter la cause , sinon au peu de soin que les officiers des greniers rendent à faire obseruer nos ordonnances & reglemens sur le faict de nosdictes Gabelles , plusieurs prenans pour ce licence de les enfraindre , qui demeureroient retenus, si lesdicts officiers se comportoient en leurs charges comme ils sont obligez, au lieu de s'occuper à choses qui ne touchent qu'à leur interest particulier , sous l'attente d'vne petite vtilité pour leur suppleer & subuenir au peu de reuenu de leurs gages & droicts : en quoy s'ils estoient soulagez, il est à croire qu'ils s'employroient plus assiduëment en leurdicte charge, laquelle requiert vn seruice continuel , sans diuertissement. Ce que consideré, ensemble le secours que nous receuons par chacun an de nosdictes Gabelles, pour supporter les charges & despences ordinaires de nostre Estat. Nous auons estimé que le meilleur moyen dont nous nous pouuons seruir à present pour maintenir & conseruer le reuenu de nosdictes Gabelles , & obliger lesdicts officiers à leur deuoir, est d'augmenter leurs

gages , fans neantmoins mettre aucune
creuë fur ledict fel. A CES CAVSES,
Apres auoir eu fur ce le prudent aduis de
la Royne Regente noftre tres honoree
Dame & mere , & des gens de noftre
Confeil : AVONS de nos graces, pouuoir & auctorité Royale , accordé,
octroyé & attribué, & par ces prefentes
fignees de noftre main , accordons,
octroyons & attribuons à chacun des
Grenetiers & Controolleurs, nos Aduocats & Procureurs de tous les greniers,
chambres & magazins à fel, eftans au ref-
fort de nos Cours des Aydes de Paris,
Roüen & prouince de Bourgõgne, augmentation de leurs gages , de la fomme
contenuë en l'eftat arrefté en noftredict
Confeil , cy attaché fous le contre fel de
noftre Chancellerie. Laquelle augmentation nous auons reglee , ayant efgard
aux gages & droits dont ils iouyffent à
prefent, à l'eftendue defdits greniers &
chambres, & à leur peine & trauail, pour
dignement feruir à leurfdictes charges:
dont nous voulons & entendons qu'ils
iouyffent d'orefnauant , enfemble leurs
fucceffeurs en leurfdicts offices, en foient
payez par les fermiers de nos Gabelles,

prefens & aduenir , ou autres felon qu'il efcherra & appartiendra, auecques leurf-dicts gages anciens , aufquels nous auons vny & incorporé à toufiours icelle augmentation nouuelle , pour receuoir le tout conioinctement & par vne feule quittance. Et à cefte fin fera par nous laif-fé fonds neceffaire fur les deniers de nof-dictes Gabelles , fans qu'ores , ny à l'ad-uenir lefdicts officiers puiffent eftre trou-blez en la perception de leurfdits gages anciens & augmentation, pour quelque caufe & occafion, en finançant par cha-cun d'eux en nos parties Cafuelles, pour iouyr de ladite augmentation dans le temps qui leur fera prefix , la fomme à quoy ils feront pour ce taxez en noftre-dit Confeil. Si donnõs en mandement à nos amez & feaux Confeillers, les gens de nos Comptes à Paris , Prefidents & Treforiers generaux de Fráce de ce Roy-aume , que ces prefentes ils facé´t regi-ftrer , & du contenu en icelles ifuyr & vfer plainement & paifiblement lefdicts officiers & leurs fucceffeurs en leurs of-fices , fans permettre qu'il leur foit fait, mis ou donné aucun empefchement au contraire. C A R tel eft noftre plaifir: En

tesmoin dequoy nous auons faict mettre
noftre feel à cefdites prefentes. Donné à
Paris le quatriefme iour d'Aouft, l'an de
grace mil fix ces treize , & de noftre regne le quatriefme : fignees Louys, & fur
le reply, Par le Roy, & la Royne Regente fa mere prefente : de Lomenie, & feel-
lé du grand fceau de cire iaune à double
queue , & fur ledict reply eft efcript, Re-
giftrees en la Chambre des Comptes, ouy
le Procureur general du Roy pour auoir
lieu entre les volontaires , fuiuant l'Arreft de ce faict , le trentiefme iour de Decembre mil fix cens treize.

Signé,   BERTHELIN.

LETTRES DE IVSSION

A la Chambre des Comptes de Paris pour la verification desdites lettres d'attribution & augmentation de gages ausdits Officiers des Gabelles.

Ovis par la grace de Diev Roy de France et de Navarre. A nos amez & feaux Conseillers les gens de nos Comptes à Paris, Salut. Vous deuez estre tellement informez de nostre volonté, tant par ce qui vous a esté dict à bouche par la Royne Regente nostre tres-honoree Dame & mere, que mandé par nous en tant de diuerses lettres que nous vous en auons enuoyees pour l'enregistrement & verification de nos lettres de declaration du quatriesme Aoust dernier

dernier pour les gages par augmentation
que nous attribuons à nos Officiers des
greniers à sel eſtãs en voſtre reſſort, com-
pris en la ferme des Gabelles, que ne pou-
uez plus doubter du beſoin de ladicte verification pour ſubuenir à nos vrgentes
affaires, & comme le fonds deſdicts gages n'apporte aucune ſurcharge à nos
ſubjects, ny diminution du fonds qui reuient par chacun an tant en noſtre Eſpar-
gne que pour l'acquit des rentes conſti-
tuees ſur nos Gabelles, au moyen de l'incorporation de la creue des cinq ſols
pour minot qui s'employoit cy deuant
au payement de quelques debtes eſtran-
geres auſquelles nous auons pourueu
d'ailleurs, laquelle creuë eſt à preſent
ioincte, vnie & incorporee auec nos autres droicts de Gabelles, & eſt mainte-
nant à vous de nous rendre preuue de voſtre obeyſſance & affection au bien de
nos affaires & ſeruice. A CES CAVSES
apres auoir faict voir en noſtre Conſeil
vos arreſts de refus des cinquieſme, dou-
zieſme, & quatorzieſme du preſent mois,
De l'aduis de ladicte Dame Royne Regente, de noſtre-dict Conſeil, & de noſtre plaine puiſſance & auctorité Roya-

le, nous voulons, vous mandons & tres-
expreſſement enjoignons par ces preſentes ſignees de noſtre main, que ſans vous
arreſter à voſdits arreſts, n'y aux cauſes
motifues d'iceux, vous ayez incontinent
& ſans delay, & toutes affaires ceſſantes
& poſtpoſees, à proceder à la verification
& enregiſtrement de noſdictes lettres de
Declaration du quatrieſme Aouſt, pour
auoir lieu entre volontaires & ſans con-
trainҫte, ſans auſſi vſer de remiſe & difficulté, ny attendre de nous autre plus expres commandement que ceſdites preſentes, qui vous ſeruiront de dernieres
pour ce regard, Car tel eſt noſtre plaiſir,
nonobſtant tous autres empeſchemens
au contraire. Donné à Paris le dix-ſeptieſme iour de Decembre, l'an de grace
mil ſix cens treize, & de noſtre regne le
quatrieſme, ſignees Louys & plus bas par
le Roy, & la Royne Regente ſa mere,
preſente.

DELOMENIE. a

Et ſur ledict reply eſt eſcript.

Regiſtrees en la Chambre des Comptes,

ouy le *Procureur general du Roy, pour auoir
lieu entre volontaires, suiuant l'Arrest de ce
faict, le trentiesme iour de Decembre mil six
cens treize.*

Signé,   BERTHELIN.

ARREST DE LA CHAM-
*bre des Comptes de Paris, portant
verification desdites lettres d'attribution de gages aux Officiers des Gabelles.*

EV par la Chambre les lettres
patentes du Roy donnees à Paris le quatriesme iour d'Aoust
dernier, signees Louys, & sur le
reply, Par le Roy & la Royne Regente
sa mere presente, de Lomenie, par les-
quelles, & pour les causes y contenuës, sa
Majesté accorde octroye & attribue à
chacun des Grenetiers, Controolleurs,
ses Aduocats & Procureurs de tous les
Greniers, Chambre & Magazin à sel,
estans au ressort de ses Cours des Aydes

B ij

de Paris , Roüen & Prouince de Bourgongne , augmentation de leurs gages,
de la ſomme contenuë en l'eſtat arreſté
en ſon Conſeil, attaché ſoubs le contreſeel deſdictes lettres , laquelle augmentation ſa Maieſté a reglee, ayant eſgard
aux gages & droicts dont ils iouyſſent en
l'eſtenduë deſdits Greniers & Chambres, & à leur peine & trauail , pour dignement ſeruir en leurs charges, & veut
qu'ils en iouyſſent doreſnauãt, enſemble
leurs ſucceſſeurs auſdicts offices, & qu'ils
en ſoient payez par les fermiers de ſes Gabelles, preſens & aduenir , ou autres ſelon qu'il eſcherra & appartiendra auecques leurs gages anciens , auſquels elle a
vny & incorporé à touſiours icelle augmentation pour receuoir le tout conioinctement & par vne ſeule quittance,
& qu'à ceſte fin ſera laiſſé fonds neceſſai-
re ſur les deniers deſdites Gabelles, ſans
que ores ny à l'aduenir leſdits officiers
puiſſent eſtre troublez en la perception
d'iceux , pour quelque cauſe & occaſion
que ce ſoit , en finançant par eux la ſomme à laquelle ils ſeront taxez en ſondit
Conſeil , ainſi que plus au long le con-
tiennent leſdites lettres , ledit eſtat con-

tenant ladite augmentation y attaché
ſous le contreſeel deſdits iour & an , ſi-
gné Fayet. L'arreſt de la Chambre in-
teruenu ſur leſdictes lettres du cinquieſme deſdicts mois , par lequel elle auroit
declaré ne pouuoir entrer en la verification d'icelle. Autres lettres patentes du
Roy donnees à Paris le neufieſme deſdits
mois , ſignees comme les precedentes,
contenans Iuſſion & mandemēt tres expres à ladite Chambre , que ſans s'arreſter audict arreſt, elle ait ſans plus vſer de
difficulté, à proceder à l'enregiſtrement
deſdictes lettres , ſelon leur forme & te-
neur. Autre arreſt de la Chãbre, du dou-
zieſme dudit mois, par lequel eſt ordōné
que le precedent tiendroit. Autres lettres patentes du Roy, donnees à Paris, le
trezieſme dudit preſent mois , ſignees
comme les precedentes, contenant autre
Iuſſion & mandement tres expres à ladite Chambre , que toutes affaires ceſſantes, elle euſt à proceder à l'enregiſtremēt
deſdictes lettres de Declaration, du quatrieſme iour d'Aouſt. Autre arreſt du
quatorzieſme iour dudict mois , par lequel eſt ordonné que les precedents arreſts tiendroient , requeſte preſentee au

nom des officiers defdicts Greniers à fel, afin d’eftre receus oppofans à la verification defdites lettres de Declaration , & d’en auoir communication, pour deduire leurs caufes & moyens d’oppofition: arreft fur icelle du feiziefme dudict mois de Decembre, par lequel ladicte Chambre leur auroit donné acte de leur oppofition , & ordonné qu’ils auroient communication d’icelles par les mains du Rapporteur , pour dans le Mercredy en fuiuant, pour toutes prefixions & delays, fournir leurs moyens d’oppofition : les caufes & moyens d’oppofition par eux fournies. Autres lettres patentes du Roy , fignees comme les precedentes, donnees audict Paris , le dixfeptiefme iour de ce prefent mois contenant autre Iuffion , & mandement tres expres à ladicte Chambre , que fans s’arrefter aufdicts arrefts , ny aux caufes motifues d’iceux, elle ait incontinent & fans delay,& toutes affaires ceffantes, & poftpofees,à proceder à la verification & enregiftrement d’icelles lettres de Declaration dudict quatriefme iour d’Aouft , attendu que le fonds defdicts gages n’apportoit aucune furcharge à fes fubjects, ny diminution du fonds qui reuient par chacun an, tant en son Espargne que pour l'acquict des rentes constituees sur lesdites Gabelles, au moyen de l'incorporation de la creuë des cinq sols pour minot, qui s'employoit cy-deuant au payement de quelques debtes estrangeres, ausquelles sa Majesté declaré auoir pourueu d'ailleurs, & ladicte creuë ioincte, vnie & incorporee à ses autres droicts de Gabelles, pour auoir ladicte augmentation lieu entre volontaires & sans contraincte, sans aussi vser de remise & difficulté, ny attendre autre plus expres commandement. Autre estat faict & arresté au Conseil de sa Majesté tenu à Paris, le cinquiesme dudict mois de Decembre, de la recepte & despence qu'elle veut & ordonne estre faicte par chacune des quatre dernieres annees qui restent à expirer du bail general desdites Gabelles faict à maistre Thomas Robin, finissant au dernier iour de Septembre mil six cens dix-sept, à cause des deux creuës des deux sols six deniers, & de cinq sols qui se leuoient sur chacun minot de sel és Greniers & Chambres dependans dudict bail, auquel, & en la depence d'iceluy ladicte augmentation

de gages attribuee aux officiers defdicts
Greniers, Chambres & magazins à fel,
par lefdictes lettres patentes du quatriefme iour d'Aouft dernier eft employé:
Autre arreft de la Chambre, du vingtief-
me du prefent mois, par lequel eft ordonné, auant que proceder à la verification defdites lettres de Declaration, que
les caufes & moyens des officiers defdicts
Greniers à fel feroient communiquees au
Procureur general : Autre requefte pre-
fentee au nom defdicts officiers, afin d'a-
uoir communication defdictes lettres de
Iuffion : Autre arreft fur icelle, du vingt-
troifiefme dudict prefent mois, par lequel eft ordonné qu'ils auroient ladicte
communication par les mains du Rapporteur, pour dire ce qu'ils voudroient
dans le Mardy enfuiuant, pour toutes
prefictions & delays, autrement feroit
paffé outre au iugement defdictes lettres
Autres caufes & moyens d'oppofition
fournies foubs le nom defdicts Grenetiers, Controolleurs, Aduocats & Procureurs du Roy des Greniers, Chambres
& magazins à fel des Generalitez de Paris, Soyffons Amyens, Champagne,
Tours, Bourges, Orleans, & Moulins:
l'arreft de

l'arreſt de la Cour des Aydes du trentieſ-
me Decembre mil ſix cens vnze, interue-
nu ſur les lettres patentes du Roy du
vingt ſeptieſme Septembre oudict an,
pour le regiſtrement du contract faict à
maiſtre Charles Paulet, coppies des arti-
cles, & conditions accordees par le Roy
audict Paulet le vingt neufieſme iour de
Mars mil ſix cens huict, attachees auſdi-
tes cauſes d'oppoſition, concluſions du
Procureur general du Roy, & luy ouy au
Bureau, lequel auroit declaré qu'il per-
ſiſtoit en ſes precedentes concluſions, &
requeroit le regiſtrement deſdictes lettres de Declaration du quatrieſme iour
d'Aouſt dernier paſſé, & des lettres de
Iuſſion du dix ſeptieſme du preſent mois:
ouy ſemblablement les creances d'aucuns Conſeillers, Preſidents & Maiſtres
en ladicte Chambre. Et tout conſideré.
La Chambre du tres expres commandement du Roy, par pluſieurs fois reite-
ré, a ordonné & ordonne leſdictes lettres patētes du quatrieſme iour d'Aouſt,
& dix-ſeptieſme du preſent mois, eſtre
regiſtrees és regiſtres d'icelle, pour auoir
lieu entre les volontaires ſeulement, &
ſans que leſdicts officiers y puiſſent eſtre

C

contraincts , fuiuant & conformemen
aufdites lettres patentes du dixfeptiefm e
iour dudict prefent mois. Faict le trentiefme iour de Decembre mil fix cens
treize. Et plus bas.

Extraict des Regiftres de la Chambre
des Comptes.

Signé,   BOVRLON.

Extraict des Registres du Conseil d'Estat.

Svr ce qui a esté remonstré au Roy que sa Majesté auroit par ses lettres patentes du quatriesme iour d'Aoust dernier verifiees où besoin a esté, attribué aux Officiers de ses Greniers à sel du ressort de sa Chambre des Comptes de Paris, Bourgongne, & Normandie, augmentation de gages à raison de la finance qu'ils payeront en ses parties casuelles, selon l'estat qui en a esté dressé & arresté au Conseil, & pource qu'en aucuns desdits greniers & Chābres, les charges d'Aduocat & Procureur ne sont remplies, sa Majesté auroit permis au pourueu de l'vne d'icelles de prendre ladite augmentation de gages attribuez à l'autre, & en iouyr en finançant, & aussi qu'aux lieux où aucuns des-

dits officiers feroient refufans ou dilayãs
de payer dans le temps qui leur fera prefix, la finance à laquelle ils feront taxez
pour iouyr de ladite augmentation, qu'il
fera loyfible aux autres officiers defdits
Greniers de payer ladite finance, & en
iouyr, enfemble leurs fucceffeurs en
leurfdictes charges de ladicte augmentation de gages au lieu & place defdits refufans, fans y pouuoir eftre par eux ne
autres troublez ny empefchez à l'aduenir. Et pource que depuis la verification
faicte de ladicte attribution, aucuns defdicts officiers ne fe font mis en deuoir de
leuer lefdites quictances, & payer la finance pource deuë, ny mefme faire aucune declaration de les vouloir leuer, &
que plufieurs autres officiers ont requis
ladite augmentation de gages leur eftre
accordee en leur lieu, & offert payer la
finance qui feroit portee par leurs taxes:
D'ailleurs fa Majefté ayant befoin d'e-
ftre promptement fecouruë de tous les
deniers, à quoy la taxe entiere de ladicte
attribution fe trouue monter. LE ROY
en fon Confeil a ordonné & ordonne
que lefdicts officiers defdicts greniers &
chambres à fel feront tenus dedans vn

mois apres la signification qui leur sera faicte à personne ou domicile , tant desdictes lettres d'augmentation de gages, que de la somme à laquelle ils ont esté taxez audict Conseil, pour iouyr de ladicte attribution & augmentation de gages. De payer és mains du Tresorier de ses parties Casuelles , ou du porteur de ses quictances en chacune Generalité ladicte taxe : & à faute de ce faire , que les officiers deffaillans demeureront descheus de pouuoir cy-apres pretendre ladicte augmentation de gages : & lesdicts officiers des Greniers & chambres à sel qui n'ont domicile sur les lieux : Sa Maiesté veut que l'exploict qui sera faict à la persóne ou domicile du Greffier de chacun desdicts Greniers , valide & ait pareil effect que s'il auoit esté faict à la personne desdicts officiers non domiciliez sur lesdicts lieux. Fait au Conseil d'Estat du Roy tenu à Paris le sixiesme iour de Feburier mil six cens quatorze.

Signé,   MALIER.

Ovys par la grace de Dieu Roy de France & de Nauarre , Au premier noſtre huiſſier ou ſergent ſur ce requis ſalut : Nous te mandons & commandons par ces preſentes, que l'Arreſt, dõt l'extraict eſt cy attaché ſous le contreſeel de noſtre Chancellerie , ce iourd'huy donné en noſtre Conſeil d'Eſtat. Tu ſignifie aux officiers des Greniers à ſel du reſſort de noſtre Chambre des Comptes de Paris, Bourgongne, & Normandie, à ce qu'ils n'en pretendent cauſe d'ignorance, & ayent dans vn mois apres la ſignification faicte à perſonne ou domicile , tant de nos lettres patentes du quatrieſme Aouſt dernier , pour l'augmentation de leurs gages , Que de la ſomme en laquelle ils ont eſté taxez en noſtredict Conſeil , pour iouyr de l'attribution

& augmentation defdicts gages, à payer
és mains du Treforier de nos parties Cafuelles , ou du porteur de fes quictances
en chacune Generalité ladicte taxe , & à
faute de ce faire, voulons que les officiers
deffaillans demeurent defcheus de pouuoir cy-apres pretendre ladicte augmentation de gages : Et lefdits officiers des
Greniers & Chambres à fel qui n'ont domicile fur les lieux : Que l'exploict qui fera faict à la perfonne ou domicile du
Greffier de chacun defdits Greniers, valide & ait pareil effect que s'il auoit efté
fait à la perfonne defdits officiers non
domiciliez fur lefdits lieux. De ce faire te
donnons pouuoir, commiffion & mandement fpecial, & tous autres exploicts
& fignifications neceffaires pour l'execu-
tion de noftredit arreft, fans pour ce de-
mander permiffion ny pareatis : Et pource que de ces prefentes on pourra auoir
affaire en plufieurs & diuers lieux , voulons qu'au Vidimus d'icelles deuëment
collationné par l'vn de nos Secretaires,
foy foit adiouftee comme à l'original:
Car tel eft noftre plaifir. Donné à Paris
le fixiefme iour de Feburier , l'an de grace mil fix cens quatorze.

Et de noſtre regne le quatrieſme. Signé, Par le Roy en ſon Conſéil, Malier,
& ſeellee du grand ſeau de cire iaune ſur
ſimple queuë.

Collationné à l'original par moy Conſeiller,
Notaire & Secretaire du Roy,